O jasnoći i drugim zabludama

pjesme

Ana Bilić

Edition gaar

SADRŽAJ

Misaone jasnoće i druge zablude

Poniznost

Za duhovni prosperitet ljudi vrlo je bitno
da se predmeti očiste od njihove uobičajene
upotrebe:
stolice ne smiju više služiti za sjedenje,
košulje ne smiju više služiti za oblačenje,
knjige ne smiju više služiti za čitanje,
automobili ne smiju više služiti za vožnju.
Predmeti su naime jednom bili naša
braća i sestre po energiji
a koja se duhovno više nisu razvijala
kao što je to učinio čovjek.
Važno je zato da se svrha svakodnevnih
predmeta predefinira i
da se predmeti oslobode od njihovog otuđenja.
Za prakticiranje naše ljubavi prema bližnjem
zato je od koristi
da se našoj zaostaloj braći u obliku predmeta
prizna pravo na samodefiniranje
da bismo kroz taj plemeniti čin
ujedno mogli ubrzati i naš duhovni prosperitet.

Nešto posebno

Promatrati neku liniju pod povećalom je vrlo
uzbudljivo
jer se svaka linija sastoji od milijardu točaka.
Između tih točaka postoji uvijek prazni prostor
a koji je opet ispunjen milijardom točaka,
i između tih točaka postoji opet prazni prostor
koji je ispunjen s daljnjom milijardom točaka,
i između tih točaka postoji iznova prazni prostor
koji je također ispunjen milijardom točaka,
i tako dalje i tako u beskonačnost.
Čovjek može promatrati na takav način i
svoja iskustva u životu:
između iskustava u životu postoji uvijek neki prazan
prostor
koji je ispunjen s nekim drugim događajima.
Zato je naš stav da u životu držimo nešto važnim
a nešto nevažnim, totalno promašen:
naša navodno odlučujuća iskustva samo su
povremene pojave
i služe tome da popune liniju života,
a ne da nekoga fasciniraju.

Pošto život nije jedna linija nego je zbroj iskustava,
mi se trebamo uvijek koncentrirati na
prazan prostor između naših iskustava.
To će nam pomoći da shvatimo da je život
u svojoj prirodi
beskonačna praznina
koja se nikada neće ispuniti.

Privremena retorička pitanja

Dva pitanja na koje niti jedna žena nema odgovora
su:
odakle ulazi prašina u zatvorenu sobu,
i zašto žene ne preuzmu vladanje svijetom?
Odgovore na ta pitanja nemaju doduše ni muškarci
ali to im nezasluženo ide na ruku.
No u jednom su i muškarci i žene sporazumni:
I jedni i drugi kažu da je odgovor na ta pitanja
posljedica zrelosti u razmišljanju.

Spas

Na ulicama se može primijetiti
što ljudi stvaraju svojim mislima i osjećajima:
njihove misli i osjećaji
divljaju okolo tako neobuzdano, jezivo i krvoločno
kao mlade hijene u proljeće
koje su danima mučene glađu.
Od tako strašnog prizora
svakoj nevinoj osobi se mora zavrtjeti u glavi
ali pošto ona čine samo beznačajnu manjinu,
ta šuti i povremeno i sama sudjeluje u gadarijama:
i ona priča non-stop i do nesuvislosti,
dere se besramno kao sajamski prodavač stoke
i priređuje sve moguće i nemoguće podlosti.
Ni noću nije mirno na ulicama:
čovjek se može spotaknuti na neki odbačeni
leš od zanimacije
koji je svojem vlasniku predugo i bezrazložno služio,
ili se može okliznuti na nekom ljigavom
tepihu od namjera
kojeg netko nije htio ponijeti kući.
Ta zbrka se može dovesti pod kontrolu

ako čovjek ostane kod kuće i napiše sve
što mu padne na pamet ili što inače osjeća:
papir je strpljiv s mislima i osjećajima
a pisanje će ga kao zanimanje
držati mirnim unutar četiri zidova
bar neko kratko vrijeme.

Bogatstvo

U svakoj kapljici oceana dešava se drama,
i time počinje naše računanje života:
pošto postoje milijarde kapljica u jednom oceanu
i pošto postoje milijarde oceana,
može se računati s beskonačnim
brojem drama
koje se istovremeno dešavaju.
To može obuhvatiti u svojem razumu samo onaj
koji uspije izaći iz žarišta svoje kapljice.
Ako taj izađe iz svoje drame,
samim tim činom postaje vlasnik oceana
i ima potpuni pregled nad svim
dramama svijeta.

Zaborav

Kod nekog grofa zaborav je
potpuno u smislu njegovog plemenitog statusa:
on se mora koristiti zaboravom već
od samog rođenja
jer je njegov život tako prepun događanja
da zbog svoje mentalne higijene mora brisati iz
pamćenja
sve stare uspomene
da bi mogao napraviti mjesta novima.
Kod nekog zanatlije zaborav je
neprobavljiva biljka koja se treba izbjegavati:
ako počne zaboravljati događanja,
to će štetiti njegovom poslu,
zbog lošeg posla loše će spavati
a od lošeg spavanja iživljavat će se
na svojoj obitelji
koja će ga zbog toga sabotirati na
svakom koraku
i konačno dovesti
do propasti.
Treba li čovjek dakle zaborav gajiti ili uništavati

pitanje je ničeg drugog nego statusa:
plemenitost živi od zaborava
a prosječnost živi od uspomena.

Misaona gradnja

Misli mogu stvarati predmete,
ali one to ne mogu činiti uvijek uspješno.
Uspješnost materijalnog stvaranja
uz pomoć misli
ovisi o tome u što su misli obučene.
Misli su naime po rođenju gole
i
najadekvatnija odjeća za oblačenje misli su
emocije
i to upravo one koje su isto tako gole –
oslobođene svakog ličnog interesa.
Sam čovjek pri tome ima naravno
odlučujuću ulogu –
on treba, kao garderobijer, golu misao
dostojno obući,
ali nakon toga treba je samo promatrati što se
s tako obučenom misli dešava.
On obavezno mora odoljeti izazovu
da se nepozvan miješa u poslove misli.
Pri svakom iznenađenju ili
naglom obratu u slijedu stvari,

on treba prihvatiti cijelu situaciju
kao da je upravo to ono
što je on sam htio i namjeravao
od samog samcatog početka.

Snaga odluke

Za čovjeka koji želi napraviti nešto važno
u svom životu
postoji nova mogućnost da promijeni svijet:
on treba naučiti životinje da postanu vegetarijanci.
To nije tako teško kako se čini
jer je poznato da su gorile i slonovi
već vegetarijanci.
Druge životinje imaju puno manji mozak
od čovjeka
i zato je za čovjeka lako da ih u razgovoru
izmanipulira i
navede na vegetarijanstvo.
U povijesti su postojali ljudi koji su
komunicirali sa životinjama,
ali oni s druge strane nisu uzeli za zadaću
da promijene svijest životinja
nego samo da s njima proćaskaju.
Ako će neke od tih životinja preživjeti s novom
hranom
ili će izumrijeti,
to ne ovisi od samog vegetarijanstva –

jer kako znamo gorila i slonova i dalje ima i sigurno
će ih još biti –
nego od čovjekove upornosti
da životinjama jasno prikaže i objasni
da tijelo ne živi od mesa
nego od vlastitih odluka i
vjere u snagu tih odluka.

Dobitak

Čovjeka koji počinje rečenicu s
„Ja mislim...“
treba odmah ispraviti –
jer on je već smislio to što govori.
Ako čovjek počne rečenicu sa „Ja znam...“
i njega treba odmah ispraviti –
jer nitko ne može tvrditi da nešto točno
zna –
znanje se dopunjuje i mijenja svakim danom.
Ako čovjek počne rečenicu sa „Trebalo bi...“,
tada ga ne treba prekidati –
tako naime počinje svaka diskusija,
a svaka diskusija pomaže
da se cijeli svijet unaprijedi,
a posebno
da budemo načisto što se tiče
što trebamo misliti i znati.

Omoti

Nerazumljivo je
zašto čovjek tako bezuvjetno brani
svoj razum i svoje osjećaje
kad zna kako se oni inače ponašaju.
                                        Izdajnički naime.
Pošto čovjek neće nikada moći uspješno kontrolirati
ni svoj razum a ni svoje osjećaje
nego može uvijek računati s
nezasluženom blamažom i frustracijom
treba se odreći razuma i emocija i
dati ih na staranje nekom pametnijem.
            Jedna od mogućnosti je da se ponovo uvede tkz.
                            fatum ili božanska volja.
Uvesti fatum nažalost nije jednostavno
jer je fatum danas dobio puno
ljudskih konkurenata
koji uvjeravaju ljude
da je zapravo čovjek sam sebi jedini autoritet.
                        No za razliku od konkurenata,
                            fatum ili božanska volja
                            miješa se rado u sve živo

i preuzima odgovornost besplatno
i s istinskom lakoćom.
Kako čovjek može najlakše konvertirati na fatum,
to je stvar samo između
pojedinca i samog fatuma,
jer vjera, kako je poznato, ne zahtjeva
ni svjedoke ni dokaze.

Neprolaznost

Slavoluci su spomenici na velike pobjede
i kao takvi odličan su simbol
za prolaznost –
pobjednik ne može ostati u slavoluku,
on ga može samo proći i
tako ući u povijesno sjećanje.
I prosječan ljudski život ima
svoj slavoluk:
čovjek ne može ostati na životu,
on ga može samo proći na putu ka vječnosti.
Potpuno je pogrešno što ljudi obavezno žele biti
u skladu s vremenom,
raditi za vrijeme i biti su-vremeni
kad je jasno da je slavoluk vrlo uzak
i da odolijeva svakom vremenu.
Zato je bolje da čovjek pokuša
napraviti velika djela u životu
nego da bude samo svjedok vremena,
jer što češće pokušamo proći kroz
naš slavoluk pobjeda,
to ćemo lakše biti oslobođeni aktualnog vremena

i lakše ćemo stići do vječnosti.

Autorsko pravo

Čovjek može stvoriti sve ako ima
znanje o stvaranju.
I uspješno prišiti dugme
ili ispravno pomesti pod
je znanstvenost
jer čovjek i za to treba znanje.
Pitanje kome pripada rezultat stvaranja
danas je samo djelomično odgovoren
autorskim pravom
jer nigdje ne stoji
tko je stvorio tako ogromne
zalihe znanja.
Pošto se čovjek zbog znanja
u svakom pogledu obogatio,
fer je da i izvor znanja dobije
svoju satisfakciju.
Ako se taj izvor ne može konkretno utvrditi,
tada se čovjek treba obratiti
poslanicima tog izvora:
treba se zahvaliti muzama, višoj sili,
napornom djetinjstvu, duhu vremena i

svim poznatim i nepoznatim majstorima
za dobiveno znanje
i voljeti ih kao najbliže članove
svoje obitelji.

Uzvici

Poznati Arhimedov uzvik „Ne dirajte moje krugove!“
mudrost je koja govori da
čovjek mora njegovati i braniti
svoje duhovno vlasništvo.
U slučaju Arhimeda radilo se o prilično puno
krugova
što naravno opravdava njegovu osornost i viku,
dok za razliku od njega, manje osobnosti od njega,
obično imaju samo jedan krug
koji se obično brani tiho i kulturno.
Ako je taj jedan jedini krug ispunjen
svakodnevnim obavezama
kao na primjer kako nahraniti i pokriti tijelo,
tada je krug taman i u svom integritetu i
rezistentnosti slab
i obrana takvog kruga naginje
prozirnosti i slabosti.
Koliko god takvi podržavali neke parole,
oni neće ući u povijest svojim izrekama
jer se nisu založili za ispravno
ispunjenje svog kruga.

Tek kada njihov krug postane tijelo samo za sebe,
povijest će i sam uzdah takvih tvoraca
unijeti u kompendij mudrosti.

Praktična jasnoća i druge zablude

Činjenica

U životu svakog čovjeka prije ili kasnije dolazi
trenutak
kada čovjek mora položiti ispit letenja.
Ispit letenja se održava u snu i
u snu čovjek mora moći napraviti tri stvari:
a) popeti se na prozor u svojoj sobi,
b) pogledati u nebo i
c) ispružiti ruke.
Završni dio ispita slijedi u
stanju budnosti:
- čovjek se mora odraziti uvis.
Puno ljudi zaboravljaju taj dio
nakon što su se probudili,
- ostaje im samo nejasno sjećanje na neki
neobičan pokušaj.
Pošto se nisu potrudili da zaokruže svoje znanje
i razviju svoje sposobnosti,
propuštaju mogućnost da uštede novac
za gradsku voznu kartu
koju moraju plaćati svaki dan
cijelog svog života.

Zadaća

U teškim momentima u životu čovjek bi si trebao
predstaviti da je gitara,
jer gitara je božanski instrument:
na tijelu gitare postoji rupa
koja služi za zvučnu rezonancu
a koja nas može ugoditi
u bolje raspoloženje.
Taj fenomen je vjeran prirodi
jer na nebu postoji isto tako rupa
koja je namijenjena suncu i njegovoj rezonanci.
I na tijelu svakog čovjeka postoji
nebeska rupa
skrivena ispod sloja smrtnosti:
kada čovjek prestane govoriti i raditi besmislice,
onda kroz skrivenu rupu počnu izlaziti njegovi
božanski sadržaji.
Ti skriveni sadržaji – za razliku od gluposti –
ne ostaju lebdjeti na Zemlji,
nego se lako dižu u nebo,
ka Vječnom Slušaču koji se njima opija.
Čovjek ima na tijelu i različite druge rupe,

ali one nisu dostojne senzibilne zadaće
nebeske muzike:
one nisu niti stvorene s namjerom da budu
instrument
niti su predviđene kao veza s nebom.

Dojavnik gibanja

Svaki pokret u okolini predstavlja za čovjeka
ili opasnost ili blagoslov.
Zato svaki čovjek u sebi nosi
dojavnik gibanja
koji se redovito uključuje
a da bi čovjek mogao koliko-toliko normalno živjeti
svoj život –
košta naime puno manje živaca i vremena
kad čovjek unaprijed zna
treba li se neke promjene bojati
ili joj se veseliti.
Kod straha dojavnik gibanja pali
crveno svjetlo,
a to znači da se čovjek mora umiriti
jer mir je najbolje rješenje protiv straha.
Ako čovjek to ne uradi,
dojavnik gibanja neće isključiti
svoje crveno svjetlo
nego će ono tako upaljeno sve više slabiti
naš vid.
Ako ga ostavimo uključeno cijeli život,

on u starijoj dobi uzrokuje mrenu na oku.
Kada je u pitanju radost
zbog dolazeće promjene,
tada se dojavnik gibanja javlja
blagim svjetlom
praćeno tihim fućkanjem.
Blago svjetlo je ugodno i dobro
za zdravlje ljudi,
ali jedino stalno tiho fućkanje zna
izbaciti čovjeka iz takta.
Ljudsko neobično ponašanje kod radosti kao
pretjerano pričanje, djetinjasto ponašanje,
nerazumljivo kreveljenje ili bezrazložno smijanje
su reakcije na to stalno fućkanje u glavi.
Ono služi samo zato da se dojavnik gibanja
vrati u svoje prvobitno stanje mira.

Punina

Ono što dobivamo iz hrane i
ono što dobivamo od drugih ljudi,
tretiramo na isti način:
oboje moramo dobro prožvakati
prije nego ih progutamo.
Da bismo mogli konzumirati samo ukusne stvari,
trebamo i hrani i ljudima oduzeti njihove nazive
i tako ih pretvoriti u bezimeno bogatstvo.
Moramo ih tako promatrati
kao da plivaju u istom bazenu bogatstva.
S takvom predodžbom mi ne bismo više stajali
na rubu bazena
i pokušavali upecati nešto fino
nego bismo se jednostavno bacili unutra,
kao nekada kad smo bili mali
i kao kad smo vjerovali da je cijeli svijet
veliki bogati bazen
pun užitaka i zadovoljstava.

Pogled

U labirintu nacrtanom na papiru treba pratiti put
od
starta do
cilja prstom jer ako put pratimo
samo
pogledom, čovjek izgubi
pregled situacije. Srećom
on
može uvijek početi ispočetka – treba samo staviti prst
na početnu točku. Takvo
nešto slično bilo bi od velike koristi
kad
se čovjek prvi put nađe u novome
gradu i
izgubi se – čovjek bi se trebao moći izdići
iz labirinta ulica, locirati svoj položaj i
utvrditi ispravan put.
Još bolje bi bilo kad bi ga
netko s neba
vodio nevidljivim prstom ili kad bi
netko došao

s navigacionim sistemom koji bi mu
lokalizirao put do cilj. Da se to
desi, nije za očekivati – slučajni
susreti s najmodernijom
navigacijom u stranom gradu su rijetki, a veliku
ruku
s
neba ne možemo ugledati golim okom.
Zato
trebamo prije posjete nepoznatom gradu
poduzeti potrebne pripreme:
čovjek treba izmisliti tehniku
koja će locirati
gigantski prst
i koji će nas bez po muke dovesti do cilja.

Unutrašnja glad

Kuhanje treba započeti već u unutrašnjosti čovjeka
i to s pitanjem –
čime želim sada biti nahranjen?
Ako je odgovor –
proteinima, mineralima, ugljikohidratima,
vitaminima i sličnim,
onda je produkt takvog kuhanja skroman i bez okusa.
Ako je odgovor – od mrtvih životinja,
onda se tu nema što dodati.
Ako je odgovor – od bio produkata,
onda kuhanje ne počinje u unutrašnjosti.
No postoji jedinstven unutrašnji recept koji nas može
ciljno dovesti do toga
da utažimo unutrašnju glad:
uzme se prstohvat soli i doda se tijestu od pijeska.
Tijesto od pijeska se pravi tako da se pijesak pomiješa
s vodom. Tijesto od pijeska služi kao posuda u kojoj
će jelo tek biti pripremljeno. U tijestu od pijeska
napravi se udubljenje, uzme se tanka pločica zlata,
razlomi se u male komade i tako razlomljeno zlato se
stavi u udubljenje. Od tijesta se nakon toga formira

kugla u čijoj su sredini spomenuti komadi zlata i kugla
se ispeče kratko i na visokoj temperaturi. Nakon toga
se kugla razreže po sredini. Tako se dobiva dragocjena
supa koja se može servirati s cvjetovima kao jestivom
dekoracijom, a zove se „Zlatna sitost".
Tek nakon toga možemo sastaviti listu s namirnicama
i
možemo otići u trgovinu ili na tržnicu.
Ako čovjek preskoči navedeni recept kao uvod
u kupovinu, ostat će vječno gladan bez obzira
što je kupio i kako će kuhati.

Amplitude

Pravi posao za sve ljude počinje tek nakon njihovog
radnog vremena –
plavi oblak nerazmišljanja lebdi
iznad njihovih glava
u podzemnim željeznicama, u tramvajima i
autobusima
kao znak da si ljudi trebaju priuštiti pauzu
prije nego smisle kako će nešto pametno
staviti na komad večernjeg kruha.
Večernji kruh je puno zahtjevniji
nego kruh svagdašnji jer
za večernji kruh je uobičajeno
da se dodaju nepoznati sastojci.
U nekom kućama postoji srećom povezanost
između večernjeg kruha i kruha svagdašnjeg:
kruh svagdašnji služi kao radionica
u kojem se već unaprijed formira
okus večernjeg kruha.

Ljudska priroda

Razlog zašto se treba voljeti kazalište
jest njegova toplina –
nakon što se ugase svjetla
ali prije no što počne predstava,
tijela gledatelja isijavaju tako jaku toplinu
da grijanje sale zapravo nije ni potrebno.
Ta toplina je različitih boja
tako da gledateljstvo izgleda kao
pravi kineski vatromet.
Toplina gledateljstva je ljubav
koja ima svoje porijeklo u vlažnoj prirodi
ali je došla s neba.

Požrtvovnost

Danas je umjetnost drugačija no što je bila prije:
i doručkovati ili oprati rublje
promatra se kao umjetnost.
Takvi performansi pomažu kako stvarateljima
tako i konzumentima umjetnosti
da postignu višu svijest:
svaki akt života postaje umjetnost,
i time i sam život postaje vrjedniji.

Predodređenost

Svaki čovjek je u svojoj svakodnevici pjesnik:
popis namirnica koje treba kupiti i koji zapisuje svaki
tjedan
temelj je tkz. racionalne poezije.
„Kruh – mlijeko – jabuke – sir – tjestenina“
govori puno o unutrašnjim potrebama
sastavljača takve poezije.
Isto tako stihovi kao
„meso – ulje – vino – senf – pivo – papar“
otkriva za čime žudi taj sastavljač.
Stihovi kao
„maramice – ruž – puder – čarape – olovka“
otkriva puno o svijetu takvog popisivača.
Lista kao
„pelene – krema – čaj – banane – sok“
govori čime je takav pjesnik okupiran i inspiriran.
Zato je bitno da ljudi kao pjesnici dobro promisle
što stavljaju na svoju listu
jer im ta lista određuje
i način života i sve njegove sklonosti.

Jednostavnost

Postoji jednostavan dokaz
da je umjetnost životno važna:
slikarsko platno na kojem slikar slika,
filmsko platno na kojem se projiciraju filmovi i
platno za uvezivanje knjiga
su od lana,
a sjeme lana iz kojeg se dobiva laneno platno
sadrži životno važnu supstancu zvanu
omega 3.
Bez omege 3 ljudsko tijelo slabi,
propada i umire.
Zaključak dakle glasi
da bez slikarskog platna, bez filmskog platna i
bez uvezanih knjiga
ljudsko tijelo slabi, propada i umire.
Potrebno je znači
da čovjek dnevno konzumira porciju lana
u obliku slikarstva, filmske umjetnosti ili literature.
Ako je čovjek skroz izgubio volju za životom,
onda treba nositi lanenu odjeću
da bi povratio svoju ravnotežu

i da bi mogao promatrati život
kao centralnu umjetnost.

Prošlost u sadašnjosti

Čovjek treba preuzeti kineski pristup
životnom staništu:
Kao što je u kineskoj filozofiji svaki prostor
nazvan po snazi koju nosi u sebi,
tako svaki čovjek treba preimenovati prostorije
u svom stanu ili kući.
Treba odustati od praktičnih naziva kao
„dnevna soba“, „spavaća soba“ ili „kuhinja“
i nazvati ih na primjer
„Soba prijateljstva“, „Soba nebeske ljubavi“ ili
„Soba svakodnevnog zadovoljstva“.
Ako te sobe nemaju takvu ili sličnu snagu,
onda iz soba treba izbaciti sav namještaj koji smeta
da soba razvije željenu snagu.
Ako to ne pomaže,
onda treba izbaciti ljude koje bivaju ili dolaze u te
sobe.
Oni zasigurno ne smatraju staru kinesku filozofiju
ničim vrijednim
jer svojim nesređenim mislima unose kaos u
prostoriju

i time ne dozvoljavaju
da se oživotvori jedno vrlo izuzetno znanje.

Jednostavna stvar

Sreća je da smo konačno došli do zaključka
da je sve materija.
Nasuprot tvrdnji
da je sve nedodirljiva i nedefinirana energija,
novi zaključak može čovjeka u popriličnoj mjeri
usrećiti:
Svejedno što konzumiramo,
mi se obogaćujemo materijom –
kako u tijelu tako i u glavi, a isto tako i u duhu.
Postoji samo jedan problem:
neka konzumirana materija je mirna
a neka konzumirana materija je hektička
već prema tome trošimo li je direktno iz prirode
ili smo je prije konzumacije preradili.
S obzirom da sirovu materiju generalno moramo
preraditi,
bitno je da s hranom postupamo
filigranski oprezno, obzirno i s respektom.
Tako naime možemo izbjeći neugodne oscilacije
u glavi i duhu koje se ponekad pojavljuju u nama
i čine nas neugodnom, prgavom i bezobraznom

osobom.

Visoki kriteriji

Međusvijet se nalazi
između jednog i drugog svijeta
i on time nije potpuni svijet
nego samo među-svijet
jer između dva svijeta ne može stati
cijeli svijet
nego samo jedna polovica svijeta.
U međusvijetu žive, daljnjom logikom,
samo međuljudi
odnosno kako bi neki neuki ljudi rekli –
polusvijet.
Polusvijet je potpuno netočan izraz
jer u polusvijetu svi su ljudi nesretni,
dok u međusvijetu svi su ljudi sretni:
u međusvijetu nema stanarine nego
među-stanarine
što je nešto između jedne i druge stanarine
a što je u svoti puno manje i zato ugodnije.
Također djeca u međusvijetu ne dobivaju svjedodžbe
nego među-svjedodžbe
koje ocjenjuju samo pola njihovog truda

kao da je on cijeli trud.
Uprava u međusvijetu se ne trga od rada
jer činovnici ne moraju sve čitati
nego samo ono što stoji između redova.
Ali u međusvijetu postoji i jedan nedostatak:
tamo je sve polubeskonačno
a što znači da ljudi ne umiru u potpunosti nego samo
napola
i tako napola mrtvi – i žive i ne žive
a što je vrlo komplicirano za pokapanje i kremiranje
tijela.
Iz tog razloga ljudi radije žive u običnom svijetu
i drže se dalje od međusvjetova.

Budućnost

Poznato je da se zvukovi i tonovi šire u prostoru
i oni su u gradovima uhvaćeni u
zatvorenim prostorima, skučenim ulicama i
ograđenim trgovima.
Oni se odbijaju o glave stanovnika
koji zbog takvih udaraca jako pate.
To što zvukovi i tonovi traže daljinu i slobodu,
nije namjera zvukova i tonova
već njihova bogom dana priroda,
i tu prirodu čovjek ne smije manipulirati.
Čovjek bi trebao osloboditi zvukovima i tonovima
put ka slobodi:
a) tako da hoda otvorenih ustiju
- jer je poznato da zvuk i ton traže slobodan prostor
gdje se mogu širiti,
b) tako da isprazni svoju glavu
- jer onda se zvuk i ton ne bi o ništa odbijao,
c) tako da više ne govori
- jer bi onda količina buke bila poprilično smanjena.
Takva praktična pomoć miroljubivoj koegzistenciji
sa zvukovima i tonovima

revolucionirala bi bučne i nesnosne gradove i
od njih napravili predivne oaze ugode i mira.

Prirodna jasnoća i druge zablude

Vodeni čovjek

Začuđujuća je činjenica
da oblaci iznad nekog mjesta mogu težiti i do 200
tona.
Za meteorologe to možda nije nešto što oduzima dah
i oni se ne pitaju
zašto tako teški oblaci tako lako lebde
i ne padaju dolje, na nas:
oblaci se naime sastoje od vode,
a voda razdijeljena u kaplje savršeni je element
za lebdjenje i pokretanje u zraku.
Ali pravi vizionari među meteorolozima znaju ipak
nešto više:
pošto se svaki čovjek najvećim dijelom sastoji od
vode,
samo je pitanje vremena
kada će čovjek početi lebdjeti u zraku.
Moguća opasnost
da će leteći ljudi padati kao kiša na zemlju
ako bi usisali previše vlažnosti iz zraka,
ostaje bespredmetna –
tko može živjeti u zraku,

taj odmah nauči i da preživi u zraku.
S druge strane opasnost povezana sa suncem
a koje je jednom davno imao Ikar
ignorirat će se kao neznanstvena izmišljotina:
vodeni čovjek će u blizini tako jakog izvora topline
kao sunce
ispustiti paru i tako isparena voda u obliku oblaka
pomoći će letaču da ne bude opečen od sunca.

Majstorstvo

Fenomen Narcisa može objasniti pojavu da
sve u čemu čovjek prepozna svoj oblik,
izaziva jake emocije –
ili volimo ono što vidimo
ili mrzimo ono što vidimo.
Sretan je onaj koji u svojem životu još nije vidio
ogledalo,
- taj još nije stvorio distancu prema sebi.
Ukinuti distancu prema sebi je životno važna stvar
jer nas naš pogled u ogledalu
otuđuje od nas samih tako esencijalno
da mi često mislimo da osoba u ogledalu nismo mi.
Mi vjerujemo da smo lošiji od onoga što vidimo,
ili mislimo da smo bolji od onoga što vidimo.
ili da zaslužujemo nešto bolje no što gledamo,
ili da zaslužujemo nešto loše od onoga što naše oči
gledaju.
Ali činjenica je da smo mi najbolje
što nam se moglo dogoditi
i da se možemo smatrati sretnim
što se možemo vidjeti kao ta osoba u ogledalu.

Nesretnog Narcisa u nama
koji se tako kritički voli ogledati u ogledalu,
trebamo bez puno razmišljanja ismijati
jer nas navodi na pogrešan zaključak
da je on jedina prava snaga u našem životu
koja nas – navodno za naše dobro – tjera
da postanemo drugačiji no što jesmo.

Vrijeme posjeta

U srcu svakog kamena nalazi se žuti dijamant
koji nalaznika može učiniti svjetskim moćnikom.
Čovjek treba samo ući u kamen
i uzeti taj žuti dijamant.
Da bi se olakšao ulazak u kamen
dobro je apsolvirati tečaj „Priroda kamenja“.
Tamo se mogu naučiti odgovarajuće postupke i finese
za takav put
i upoznati sve vrste mogućih zamki.
Kroz obrazovanje će naravno naučiti puno i o
krizama
ali čovjek će brzo naučiti da se raduje katarzama i
pročišćenjima.
Već na prvom satu čovjek će naučiti napamet jednu
afirmaciju
koja će mu pomoći da se opusti pred svojim prvim
kamenom:
- Ja mogu proći kroz sve i nitko mi ništa ne može!...

Utjeha

Da sunce daje zraku toplinu
a svjetlost mu samo posuđuje,
dade se zaključiti po tome
da zrak ostaje još uvijek topao
kad sunce nestane iza nekog oblaka.
Iz tog se dade zaključiti
da čovjek s nekim stvarima može uvijek računati
a s nekima samo povremeno.
Slijedom toga čovjek bi trebao moći sam producirati
svjetlost
ako ponekad ne želi ostati u tami.
Srećom da se na ljudskom tijelu nalaze brojni
prekidači za svjetlo
koje on u slučaju nužde treba samo pritisnuti i tako
biti prosvjetljen.
Ako ih kojim slučajem ne može naći u tamnim
časovima,
onda si treba zamisliti
da je on sam veliko i moćno sunce.

Dvostruka negacija

Dvostruka negacija je mehanizam koja nam može pomoći da dostignemo potpuno zadovoljstvo i unutrašnji mir za kojim kao moderni ljudi tako čeznemo. Ako danas na primjer pada kiša i hladno je, možemo isto tako reći: danas nije toplo i danas nije suho – i tu već imamo dvije negacije. Ako se dvije negacije sretnu, onda se one moraju i pobiti, bez milosti ili razmišljanja – u suprotnom slučaju jedna bi negacija imala prevagu i to više ne bi bila istina nego iskrivljeno stanje stvarnosti. Ishod takve tuče biti će pravi dobit za nas ljude –nakon toga će ostati ono što inače ostaje nakon eliminiranja negacija. Pozitiva. Dakle kad pada kiša i hladno je, tada se to međusobno negira i može se tvrditi da je vrijeme toplo i da sja sunce i da nas takav dan ispunjava potpunim zadovoljstvom i unutrašnjim mirom što stvari gledamo u njihovom ispravnom svjetlu.

Prirodni čovjek

Pitanje zašto čovjek za razliku od nekih životinja
ne može vidjeti infracrvene i ultraljubičaste zrake
vrlo je ozbiljno pitanje.
Mi smo se uvjerili da su crvene i ljubičaste zrake
ili opasne ili čovjeku nepotrebne.
Ali to je laž jer su te zrake zapravo stidljive i
senzibilne
i mogu – kao što znamo – biti od velike koristi.
Tu se postavlja pitanje zašto su one ipak nevidljive
i zašto se čovjek morao potruditi da ih otkrije.
Možda je cijela tematika suvišna za običnog čovjeka,
ali ispravni odgovor na to pitanje je
od presudne važnosti za dobrog vrtlara:
treba li on svoju okretnost u vrtu dokazivati tako
da uz svoj uobičajeni vid razvije i vid kao bumbar,
ili treba li bolje filozofirati o tome kako bumbar vidi
svijet
i tvrditi da je bolje da se svijet gleda očima čovjek?

Timski rad

Vjetrovi su naša familija koja je dostigla slobodu
izražavanja:
oni mogu škrgutati, jaukati, tuliti i prodirati u kosti,
ali isto tako mogu milovati, umirivati, gladiti, ljubiti i
opuštati nas.
Vjetrovi koriste tu sposobnost po vlastitom
nahođenju
i ne razumiju u potpunosti da je njihova sloboda
izražavanja
za život na Zemlji s jedne strane uništavajuća,
a s druge strane isto tako blagosiljajuća.
Iako ljudi, za razliku od vjetrova,
tvrde da su svjesni
da njihovi postupci za Zemlju mogu imati
teške posljedice,
uvijek i iznova se čude posljedicama svojih
postupaka,
kao djeca koja se čude posljedicama igre s vatrom.
Hoće li i vjetrovi i ljudi ispravno shvatiti
što oni mogu zapravo proizvesti svojim djelom,
ovisi samo od toga

hoće li razmijeniti informacije
što se tiče slobode izražavanja
i pozabaviti se tom temom zajednički, kao dobra
familija.
Ili će tu sposobnost izražavanja
jednostavno ignorirati
i pokušavati se, kao loša familija,
međusobno nadmudrivati.

Ignorancija

Još niti jedan čovjek se nije potužio na
nemoć grinja.
To je još nedavno bilo bespredmetno
jer su grinje i ljudi stoljećima živjeli u zajednici:
grinjama nije smetala sporedna uloga u odnosu s
ljudima
sve dok ih je čovjek tretirao kao
dio svoje obitelji.
Da grinje danas agiraju kao jedan od najpodlijih
uzročnika bolesti,
samo je njihov nečasni pokušaj
da privuku pažnju ljudi na sebe i
ukažu na svoju vjernost.
Od takvih načina privlačenja pažnje
kao što ih koriste grinje
ne treba učiti jer one uvijek završavaju loše:
čovjek je izmislio sintetičke materijale
u kojima grinje ne mogu opstati
i tako je nemilosrdno završio s
nestabilnim prijateljstvom.
Za očekivati je

da će grinje u budućnosti izazvati još teže bolesti,
ali usprkos loše prognoze, čovjek se ne treba bojati:
grinje ne znaju ono što zna svaki pametan čovjek –
da svaka psiho igrica na svom kraju
radi uvijek protiv onoga koji ju je započeo.

Pustiti korijenje

Izraz „pustiti korijenje" govori o skrivenoj klici u
čovjeku:
čovjek ima u sebi pohranjeno korijenje
koje čeka samo njegovu dobru volju
da iz njega izađe, da se raširi,
usadi u zemlju i tamo proširi.
„Pustiti korijenje" govori o našoj
čežnji za ljubavlju prema Zemlji i
čežnju za vječnim ljubavnim aktom sa Zemljom.
Takva ljubav ima naravno i drugu stranu medalje
jer korijenje nekog razgranatog čovjeka
može se u Zemlji tako raširiti
da se dođe do zapletaja s drugim
isto tako raširenim korijenom.
Taj splet se s pravom može reći
da je podmukli preljub Zemlji iza leđa.
Vlasnicima takvih korijenja ostaje
mogućnost obrane pred Zemljom na način
da se objasni Zemlji kako su
ispravnost i dobra namjera kao motivi
izgubili tešku i dugu borbu

protiv neukrotivosti njihove prirode
s kojom su rođeni.

Dobar posao

Ima jedna spasonosna novost za sve:
postoje dvije vrste razuma –
crveni i plavi razum.
Sa crvenim razumom skupljamo lišće,
s plavim razumom dijelimo lišće.
Ako udružimo crveni i plavi razum,
naći ćemo i drvo odakle potiče svo lišće.
Ali ako ostanemo bez lišća,
onda gubimo razum
i naše tijelo ostaje bez boje.
Ta ne-boja nije nova vrsta razuma,
kako čovjek voli tvrditi,
nego preša
koja nas priprema za herbarij mrtvih biljaka
u koji se definitivno transportiramo.

Prirodna suradnja

S vremena na vrijeme čovjek treba pospremiti
prirodu:
to se čini tako što se prošeta
po obližnjoj šumi, parku, uz more, jezero, po planini,
uz rijeku ili kroz spilje
i pogleda se što je čudno, neobično i potrgano u
njima.
Ako se takvo nešto utvrdi, tada se to treba izmijeniti.
Naravno bez ikakvih tehničkih pomagala, kemija,
strojeva ili eksperimenata.
Staro lišće se treba sakupiti, mlado kamenje vratiti u
more, ptičja gnijezda popraviti i pokidane grane
dostojno sahraniti.
Ako čovjek iz nekog razloga to ne može učiniti,
može bar zamoliti prirodu primjerenom molitvom da
ona to sama pospremi.
A ona će to učiniti
jer kao što je poznato priroda je uvijek spremna na
suradnju
ako je i čovjek spreman na suradnju.

Pismo pastrmki

„Draga pastrmko,
Ti zaista imaš sreću što si oslobođena težine riječi.
Da, kod novog rođenja čovjek si treba zaželjeti
da bude rođen u vodi.
Ili bar u zraku
jer zrak je isto element bez glasa.
(Što se tiče vatre – nije mi poznato kakve sklonosti i
nesklonosti imaju vatrena bića,
ali zemaljski čovjek ima iza sebe vrlo opasno
iskustvo s vatrom.)
Voda je najsavršeniji element od sviju elemenata
jer puno je teže pratiti neku pticu ili neku sunčevu
zraku
da bi se s njima započeo razgovor
nego pratiti vodenog stvora kao što si ti
da bi mu se postavilo sljedeće pitanje:
„Kako čovjek može samog sebe ukloniti iz vlastitih
očiju
da bi si postao nevidljiv?
Radi li se o posebnim očima kakve ti imaš
ili radi li se o neimanju glasnica?“

Prirodni krug

Ono što je posebno kod čovjeka je
njegova koštica koju nosi u sebi.
Ta koštica je kod svakoga jednaka,
a različito je samo meso oko koštice
– ono ima dva sloja:
gornji i donji sloj.
Gornji sloj se
stalno mijenja u svojoj jedinstveno kodiranoj boji
i zbog toga se donji sloj ne da uočiti.
Donji sloj povezan je zato s korijenom nosa,
korijen nosa povezan je s prsima,
prsa su nadalje povezana s vodama na Zemlji,
cijela Zemlja je posađena košticama voća
a koštice klijaju u svakom čovjeku.
Time se docrtava krug s njegovog kraja ka početku
i mi se možemo samo
diviti čudu, moći i raznolikosti
male koštice u nama
s tako ogromnom kohezivnom snagom.

Vječni poklon

Čovjek se mora zahvaliti zvijezdama za produkciju
koja je od početka čovječanstva bila vrlo eficijentna –
za produkciju sapuna zvanog „mana“.
Taj sapun je kruh s neba
i bio je namijenjen za unutrašnje čišćenje.
Da bi čovjek mogao biti pročišćen,
morao je prebroditi gađenje i progutati sapun „mana“
a da bi nakon toga mogao uživati u
nebeskoj kupki iznutra.
To nam zapravo nije strano –
kao nerođena djeca uživali smo u
istoj kupki iznutra
kad smo se kupali u plodnoj vodi
u maternici naše majke.

Recept

Poznata je istina da se vrijeme može
najeficijentnije protraćiti tako
da se nauči nešto komplicirano
i onda se to nikada ne primjeni.
S druge strane vrijeme se može protraćiti i tako
da se cijelo vrijeme samo spava –
ali tu se ne uči ništa komplicirano
nego se primjenjuje ono što se nikad nije naučilo.
Zato spavanje kao način traćenja vremena
nije nikakav izazov:
nije uopće uzbudljivo ako se ne mučimo
da zaspemo –
naše traćenje vremena nije naša zasluga
i mi osjećamo krivnju što u tome nismo aktivno
učestvovali.

Zato se preporučuje sljedeći korak
koji bi mogao sjediniti
traćenje vremena, eficijentnost i naš osjećaj
ispravnosti:
treba se naučiti isključiti svijest

ali pri tome ostati budan.

Rezultat je takvog eksperimenta

što ćemo se naći pred vratima

vremena i prostora

i moći ćemo preći granice čulnog bez ikakve muke.

Ako pređemo te granice,

prešli smo u potpuno, bezvremensko znanje

na majstorski način

i više ne moramo učiti ništa novo.

Najmanje to kako tratiti vrijeme

na najbolji mogući način.

Sinkopa života

Štucavica je pojava koji nam može pomoći
da doživimo pravu harmoniju s našim tijelom.
Pošto štucavica ima ritam sinkope i
i pošto ritam sinkope naglašava svaki drugi slog u
taktu,
važno je da taj prvi slog izgovorimo
u našoj unutrašnjosti.
Taj nenaglašeni slog u nama
dati će cijeloj štucavici
harmonični okvir i ona nas više neće nervirati.
No s druge strane ne smijemo se dati
zavesti stvorenom ritmu i
i njezinoj blaženoj harmoniji –
moramo znati da je štucavica
prolazna stvar
i da su rijetki oni koji imaju
vječnu štucavicu.
Ako to nikako ne možemo shvatiti,
onda trebamo imati na umu
da je nesretni povratni pad u neusklađenost
samo međupauza do nove

obećavajuće štucavice.

Naši prijatelji planine

Ljudi imaju previše mrtvih izraslina na tijelu
a da bi ih mogli tretirati samo kao nešto svrhovito
i kao podloga za dekoraciju.
Kosa, nokti i zubi nam pokazuju da smo mi dio
organske tvari i da naš identitet nije određen samo
duhom
nego i onime čime su definirane također i planine.
Mi kroz mrtve izrasline na tijelu postajemo
vremenom
sve više i više slični organskoj tvari.
Drugim riječima mi umiremo i
dolazimo pred vrata koja se zovu smrt.
Ali čovjek ne treba prihvaćati smrt tragično:
kako se planine mijenjaju i premještaju
s jednog mjesta na drugo,
tako i mi možemo učiti od planina
kako da se ponašamo u novom stanju.

Svjetlo i sjena

Sentencija „Jasnoća se stvara tako da se uklanja
nejasnoća“
jeste vrlo zanimljiva sentencija:
kod nejasnoće su naime jasne stvari nejasne,
što je naravno jedino jasno u cijeloj nejasnoći,
što s druge strane treba ukloniti,
a o čemu i govori navedena sentencija.
Tako gledajući jasnoća i nejasnoća moraju
očito same po sebi biti jasne
kao što su jasne dvije strane jedne medalje.
Svaka medalja ima naime različito lice i naličje
ali se uvijek prihvaća kao jedan entitet.
U suprotnom slučaju –
kad bi postojala dva potpuno identična lica iste
medalje,
onda bi bilo svakom jasno
da to ne bi bila medalja
nego nešto sasvim bezveze.
To je naravno jasno,
a s druge strane isto tako razumljivo
da nije jasno

kako bi se takva stvar zvala.
Ali to tako i treba biti
jer se u tom slučaju radi o nejasnoći
a nejasnoća i treba ostati nejasnoća
da bismo mogli imati jasnu situaciju
što se tiče principijelne razlike
između jasnoće i nejasnoće.

Jasnoće o „ja" i druge zablude

Meandar

Svatko tko želi naučiti nešto više o sebi
tj. o svom „ja“,
taj za takav posao nažalost ima na raspolaganju
samo oruđe koje se zove – „ja“.
Svaki „ja“ stalno je naime u upotrebi i
zbog takve intenzivne upotrebe
„ja“ se voli oteti kontroli:
„ja“ uvijek kuje neki plan kako da se oslobodi
svog upornog korisnika.
Izvedba svih tih planiranih komplota
biva najčešće spriječena
jer je svijet preplavljen s puno isto takvih „ja“
koji se također bore za vlastito oslobođenje
i pri tome u svojim subverzijama
bešćutno iskorištavaju svaki „ja“ koji im je u blizini.
Njihova međusobna borba je tako
nemilosrdna i bespoštedna
kao što je nemilosrdna i bespoštedna borba
mungosa sa zmijom...

A propos mungosa:

najpoznatija slika mungosa u borbi sa zmijom je
jedna rimska freska u Arezzu
uokvirena meandrom
čiji je autor ostao nepoznat ljudskoj povijesti.
Njegovo zaboravljeno ime i njegova svjetski poznata
slika
govori o tome da
je njegov poreknuti „ja“ znao više
o taktici oslobođenja od svog vječnog korisnika
nego ostali „ja“.
Takvo herojsko djelo bez imena autora nam poručuje
da je odsustvo „ja“ najbolje oruđe
kako se od kukavnog oružja zvanog „ja“
može napraviti
moćnog i nezaboravnog pobjednika.

Protudokaz

S obzirom na činjenicu da svaki čovjek ima
nevidljivog duhovnog blizanca
koji ga vječno prati i s kojim je u vječnoj svađi,
može se reći da u svakom stanu
živi dvostruko više ljudi nego što je prijavljeno.
Taj blizanac je naš prošli „ja"
kojeg nismo izbacili iz stana, nismo ubili,
nismo ignorirali ili nismo zatukli.
Vječna svađa s takvim bićem
stvara takvu buku i strku pod kapom nebeskom
da je više nego opravdano da se taj bezobraznik
prijavi policiji
kao neprijavljen i opasan podstanar.
Od velikog je značaja za noćni mir svih ljudi
da se nadležne uvjeri u nedjela
vlastite slike i prilike.
Najbolje je da se blizanac pusti pričati
tako što će čovjek sam ispričati
kakve je svinjarije napravio u životu
i kakve će još napraviti.
Možda to nije siguran dokaz

koji će drznika odvesti iza rešetaka,
ali sigurno je dobar način da se od njega ograničimo
i da se založimo za bolji život
kako sebe tako i svih iz naše okoline.

Vjerska gorljivost

Pošto riječ ima tendenciju da se oslobodi svog tereta
- a to znači svog značenja koje nosi,
to riječ treba shvatiti kao slobodnjački duh
koji ne trpi granica.
I nekako je i jasno da značenje pripada tijelu
a čista riječ duhu
koja obožava zračnu širinu i vatrenu dubinu.
Međutim u jednom slučaju čovjek mora prisiliti riječ
da nosi svoje značenje,
a to je slučaj kad se govornik riječi
sam mora nekako i nazvati:
s egzistencijalnom potrebom imenovanja „ja“
riječ ulazi u simbiozu s tim „ja“
i stvara novi prirodni element.
Taj element sa značenjem „ja“
naginje praskanju, treperenju i isparenju,
i on se više ne može rastaviti na sastavne dijelove,
niti voljom govornika
niti voljom nekog dragog nam boga.
Tako čovjek postaje odgovoran za stanje riječi
koja je ugrađena u njegovo biće

i onako koliko on akceptira prirodu riječi u sebi,
toliko on akceptira i snagu u svom vlastitom biću.

Pitanje identiteta

Poneki „ja" ima iza sebe cijelu vojsku
vlastitih kloniranih vojnika.
Ti klonirani vojnici, isto zvani „ja",
izvršavaju sve potisnute i neprimjerene želje
originalnog „ja".
Kad čovjek malo pogleda svoju okolinu,
može se s pravom pitati
je li pravi „ja" nekog bližnjeg njegov pravi „ja"
ili je njegovo mjesto zauzeo neki njegov klon.
S kime mi zapravo ponekad razgovaramo
- s nama dragom osobom ili s njegovim klonom -,
to je teško utvrditi,
posebno kad se ta osoba ne može uhvatiti
ni za glavu ni za rep.
Teško je s druge strane očekivati
da će se među kloniranim vojnicima
pridobiti neku krticu koja će nam izdati
tko se zapravo krije iza identiteta dotične osobe
- klonovi jako dobro znaju da žive samo tako dugo
dok ih se ne otkrije.
Ako su otkriveni, onda će biti od strane originalnog

„ja"
žigosani kao izdajnici i svi njihovi postupci će
biti će proglašeni ništavim.
To originalnom „ja" naravno ne pomaže
da zadrži visoki ugled, ali
on radije igra ulogu naivnog oca
koji ne može dovesti pod kontrolu svoju djecu
i zato ih pušta da i dalje žive,
nego da podigne glas i
da kloniranu djecu pobije jednim jedinim vriskom:
„JA sam JA sam!..."

Lijek protiv taštine

Tvrdnja da razum ne može na ništa utjecati
što u sebi već ne nosi urođenu inteligenciju,
treba se preciznije definirati:
razum može utjecati SAMO na ono
što u sebi nosi urođenu inteligenciju.
S obzirom na činjenicu da sve u sebi nosi
inteligenciju –
inače ništa ne bi egzistiralo –
dade se zaključiti sljedeće:
Razum može utjecati na SVE
jer sve u sebi nosi prirođenu inteligenciju.
Praktična primjena tog zaključka
od velikog je značaja za naš stav o nama samim:
ili imamo urođenu inteligenciju pa možemo utjecati
na sebe,
ili nemamo urođenu inteligenciju i stoga niti ne
egzistiramo.

Kontinuitet

Vrijeme je kako je poznato počelo za ljude
s nazivima dana, mjeseci i godina.
Kod naziva dana i mjeseci ljudi su bili maštoviti,
ali kod naziva godina ljudima je ponestalo ideja
i dodijeli su im samo brojeve.
Da čovjek ima neobičan stav prema godinama,
vidi se ne samo po tome kako ljudi vole to
što im navodno pripada s godinama,
nego i po tome
kako ljudi ne vole
kad ih se podsjeća na vrijeme
kada se godine nisu brojale.
Navod da ljudi ne znaju
što se događalo na Zemlji prije pojave praljudi
treba uzeti kao laž.
Ljudi vrlo dobro znaju da je u to vrijeme
svaki čovjek imao jedno jedino ime,
a to je bilo „Ja“.
Svaki „Ja“ znao je sve,
živio je potpuno ispunjeno,
nije imao tijelo,

i – pošto se godine nisu brojale –

živio je vječno.

Što se dogodilo da se čovjek odrekao takvog „Ja“,

pitanje je na koje danas samo crkve daju glasan

odgovor.

No takav odgovor teško je prihvatiti

jer se svaka crkva isto tako odrekla svog „Ja“

i dala si neki drugi naziv.

Zato je potrebno

- u cilju boljeg odnosa s vremenom i sa samim

sobom -,

da prestanemo brojati godine,

definiramo se kao „Ja“

i priznamo da znamo sve što su znali

i naši preci – bića prije praljudi.

Kratki koraci

Bezvremenski „ja" je nastao u posebnoj
zlatnoj mreži koja se zova Alkadar.
U Alkadaru nema tjelesnosti
kao što je to slučaj na Zemlji
a tko je ipak na putu da postane bezvremenski „Ja"
na Zemlji,
taj zasigurno spava u Alkadaru.
Most između Zemlje i Alkadara je vrlo uzak
i duboko zatisnut među ljudskim imenima
jer ljudska imena se vole širiti i zauzimati prostor.
Tko ima ambiciju da nađe taj most,
taj treba stalno ponavljati
„Ja sam Alkadar"
jer u toj afirmaciji umjesto imena postoji „ja"
a bezoblični „ja" povezan s imenom Alkadar
tendira da postane bezvremenski.
Ambiciozni tragači mogu očekivati
mnogo problema sve dok ne nađu most,
a najveći problem zasigurno bit će upravo
njihova ambicioznost
da nađu most i da ga pređu.

No bez ambicioznih boraca za „ja“
Alkadar bi odavno postao mit,
a Zemlja bi toliko ekspandirala u svojoj tjelesnosti
da bi ljudi odavno postali predmeti.
Oni bi tako doduše vječno vegetirali
ali bila bi im oduzeta mogućnost
da postanu bestjelesni.

Spirala

Svaki „ja" ima iza sebe kompleksni put postanka:
njegov put nije linearan
kao što čovjek voli da zamišlja nego spiralan.
Iako „ja" ostavlja iza sebe prošlost,
ipak ostaje vezan za nju kao repić na punoglavca.
Čovjek treba prerasti svoj repić,
ali ne zato što je to utisnuto u ljudski rast
nego zato što je to čovjek sam odlučio.
Da bismo našu spiralu mogli učiniti
što neovisnijom od prošlosti
odnosno oslobodili je tereta prošlosti,
trebamo zapaliti fitilj u obliku repića iza sebe
da bismo sav put koji smo prošli
do današnjeg dana i današnjeg prostora
eksplodirao u univerzumu,
ugasio se u vlastitoj vatri
i nestao tako kao da
nikada nije ni postojao.

Imperativ literarnih vrsta

U lirici „ja" nema što
tražiti, jer lirika je potraga bez
„ja", pošto „ja" može nečemu tako velikom kao
lirika samo smetati, i zato „ja" treba zauzeti neko
drugo mjesto
u cijelom sistemu no što „ja" inače zauzima i u što
gura svoj nos.

Nasuprot tome: u prozi svaka priča treba obavezno
imati „ja", jer se inače iskustvo
ne da ispričati a koje čovjek želi saopćiti, a saopćiti
je sastavni dio
ljudskog bivstvovanja, koji obično vodi do „aha"
ili do „haha" i tu „ja" ima svoje
potpuno opravdanje.

Mi ne smijemo zaboraviti ni „ja" u kazalištu i to „ja"
drugog čovjeka
jer se drugi „ja" također treba izraziti, u različitim
ulogama,
s različitim maskama, gdje je „ja" prisiljen da bude

tako elastičan da mi lijepo možemo razumjeti koju ulogu igra „ja“ u igri s nekim drugim „ja“.

Jezične jasnoće i druge zablude

Babilonska kula

Njemački jezik je stvoren od kamenja i
kod pričanja njemačkog jezika bitno je
da se pazi na kotrljanje kamenja niz grlo.
To uspijeva, kako je poznato, samo glumcima.
Kod svih drugih, gutanje kamenja
stvara samo probavne probleme
i probleme u sporazumijevanju.
Letonski je naprotiv stvoren od mokrih krpa
i tu postoje drugi jezični problemi:
pri pričanju letonskog nastaje
vjetar od mokrih krpa
jer se govornici vole hvaliti riječima
kao da su ih prilikom rođenja dobili
kao posebnu zaslugu.
Taj vjetar mokrih krpa
doduše obogaćuje letonske riječi
u njihovom značenju
ali neispravno i fatalno neuvjerljivo
i stoga se taj vjetar mora oduzeti
ako se letonski želi pravilno razumjeti.
To se uglavnom ne radi

i zbog toga se ljudi koji govore letonski
međusobno vrijeđanju
jer misle da je jezik vjeran odraz njihovih misli.
A što nije.
Zato treba unapređivati sintezu
njemačkog i letonskog jezika
jer iako se radi o potpuno različitim jezicima,
oba jezika u mogućoj sintezi mogu profitirati:
vjetar letonskih riječi može pomoći
kamenim riječima njemačkog jezika
da budu lakše progutane,
dok probavni problemi
koji nastaju nakon toga u formi tjelesnih zvukova,
kao i taština i neprava važnost letonskog jezika
mogu biti sigurno i jednostavno otpuhani.

Nova škola

Vrlo je značajan zakon koji potvrđuje
da se energija uz pomoć ciljane upotrebe
pretvara u snagu.
Ako to primijenimo na pisanoj riječi,
možemo reći da
energija pisanja postaje snaga
kad se slova više ne promatraju kao slova
nego kao simboli.
Činjenica da su slova nekad bili simboli
olakšava nam prihvaćanje
takvog načina razmišljanja.
Ali s druge strane isto tako nam
otežava realizaciju:
mi smo odavno zaboravili kako se
simboli čitaju.

Ponoćno pismo

Poslije ponoći nitko ne može više dobro pisati
jer pisanje, kao nestabilno i prolazno,
nestaje u zraku tame.
Postoje ipak ljudi koji usprkos tome
vole pisati u tami
iako znaju da ih nitko ne podržava
i ne razumije njihov trud.
Oni su u stanju namirisati tanak
miris ljubavi i
s puno vježbe i napora
nestala slova mogu učiniti vidljivim.
Problem s ponoćnim pismom leži naime
u gustoći tame oko ponoći:
ona je nejednaka kao loša želatinasta masa
i zato uvlači sve oko sebe
da bi stvorila ravnotežu u svojoj konzistenciji,
a kao žrtvu ponajviše nevina i nestabilna slova.
No noćni pisci ipak nisu osuđeni
samo na svoju lovačku sreću
nego imaju i rezervnu taktiku
koji koriste kao plan B:

oni uključuju u svojim tijelima rasvjetnu girlandu
i ta rasvjetna girlanda unaprijed grije misli
u njihovim glavama
prije no što budu napisana.
Ugrijana slova izbačena iz glave
znaju tako jako svjetlucati u tami
da ih tama ne može ugasiti.
Iako će biti pojedeni od
želatinaste mase noći,
ostaju u želatini noći tako čitljiva
da se ta zadaća može vrednovati
kao herojski podvig noćnih pisaca.

Objava

Danas su u riječni refugij primljene 3 nove riječi:
„željeti", „prije" i „Libici".
Riječ „željeti" je uspjela ponovo se vratiti nakon dva
mjeseca izbivanja – tek sad je uspjela pobjeći
otmičarima i ponovo zatražiti potvrdu azila. Za
očekivati je nažalost da će „željeti" ponovo nestati jer
korisnici riječi jednostavno ne žele odustati od stalne
upotrebe riječi „željeti".
Riječ „prije" je za praksu izgubilo svako smisleno
značenje iako se ta riječ od strane korisnika i nadalje
upotrebljava. Pošto je riječ „prije" ostala bez sadržaja
i od koristi je samo za *small talk*, ona se zbog
nedostojanstvenosti sama povukla iz prometa.
Riječ „Libici"
je naziv za jedno od najmoćniji ligurskih plemena a
koja je bila trn u oku ekspandirajućeg Rima. Ona je
izuzetno uvrijeđena jer svaki četvrti korisnik riječi
zamjenjuju tu riječ s riječi „Libijci" a koja označava
ljude u Libiji, a koje Libici niti su poznavali niti se
mogu mjeriti s njihovom slavom i hrabrošću. Između
omalovažavajućeg tretiranja i mogućeg brisanja riječi
iz leksikona, riječ „Libici" se odlučila za drugu

opciju. Kao međustanica na putu u zaborav riječ
„Libici“ je privremeno primljena u riječni refugij.
Mole se građani
da novoprimljene riječi ostave na miru bar do
nedjelje
da bi se mogle odmoriti od nehumane upotrebe i
stalnog maltretiranja
i da se na miru mogu pripremiti za svoju daljnju
sudbinu.

Moć jezika

S pravom se pobunio jedan Španjolac protiv svjetske vladavine stručnog kineskog jezika i prisustva tog jezika u svakom drugom jeziku: Zašto se za nešto nerazumljivo često kaže „To je za mene „stručni kineski"? Šta fali Španjolskoj? Zašto ne bismo rekli: „To je za mene „špansko selo"? Špansko selo je isto tako stručno kao i stručni kineski. U španskom selu se stručno proizvodi sir, masline i koze i to nitko na razumije osim samih Španjolaca."

Zbog njegovog protesta uzbudio se neki Portugalac i u jednom lisabonskom dnevnom listu je napisao otvoreno pismo sa samim psovkama koje inače svi mogu vrlo jednostavno i brzo naučiti napamet. On je bio mišljenja da niti su stručni kineski a još manje neko špansko selo u drugim jezicima korisna konstanta i da su navedeni Španjolac i njegov protest samo glupo mlaćenje prazne slame. U svakoj psovki Portugalca bila je prisutna riječ „Španjolska" ili „španjolsko". On je uz to dodao da su jedino psovke najbolji stručni idiotizmi.

Otvoreno pismo u novinama je jako razljutilo suprugu američkog veleposlanika u Lisabonu. Ona je osudila mlitavu reakciju portugalske državne štampe na čin psovanja susjedne države i skinula predsjednika Portugala s liste gostiju za proslavu *Thanksgiving Day*-a. Nakon oštre diskusije sa svojim mužem, ona je je ipak vratila predsjednika Portugala nazad na listu jer joj je muž prijetio da će se od nje potajno razvesti kad mu završi mandat. Zbog toga je ona tajno, dva dana nakon proslave, u prkos svom mužu dala objaviti svoje kolaž-pjesme u jednom *underground* časopisu u Montrealu. Za te pjesme ona je izrezala hrpu papire iz muževe kancelarije i od toga napravila pjesme dok je on bio na razgovoru s portugalskim ministrom za kulturu.

Te pjesme je slučajno pročitao Kanađanin indijskog porijekla dok je sjedio na WC-u i uočio je da se u pjesmama nalaze dijelovi riječi koje mogu biti kodovi iz tajnih akata američke obavještajne službe. Odmah je alarmirao svoju tajnu organizaciju.

Iskusni šef te tajne organizacije dao je pjesme na ekspertizu, ali ono što se dalo iščitati iz pjesama bilo je tako konfuzno i nesuvislo da je on zaključio da nije dorastao modernim izazovima svog posla. Pošto je on bio već u visokim godinama i daljnje usavršavanje nije bilo moguće, odlučio je da ipak preda svoj stalno odgađani zahtjev za umirovljenje.

Relativnost

Kad se netko tko šušlja, predstavlja kao pridošlica u
grupnoj terapiji protiv šušljanja,
ne može se a da se ne čuje kako on, kao svi u grupi,
ima španjolski izgovor:
„Ja se zovem Sebastijan i kad sam bio u Barceloni,
nisam šušljao.“
  Kad dakle netko tko šušlja, šušlja u Španjolskoj,
   bit će od Španjolaca prihvaćen kao zemljak
    koji je dugo vremena živio u inozemstvu
pa tako zaboravio akcent ali ne i priroćeni izgovor.
On bi s takvim izgovorom zasigurno odmah dobio
     posao turističkog vodiča
   ili neki drugi posao koji ima veze sa stranim
     zemljama.
   Sve to navedeno govori u prilog maksimi
     koja govori:
   naše mane su jedno i naše prednosti.
U slučaju kad bi onaj tko šušlja bio u Bugarskoj
a govorio bi španjolski kao materinji jezik,
tada bi ga svi prihvatili kao stranca
ali ne i kao Španjolca
jer bi njegov akcent držali puno bitnijim od njegovog

pravilnog izgovora.

Sve to navedeno govori u prolog maksimi
koja govori:

naše su prednosti ujedno i naše slabosti.

Opomena

Zvanje „jezičnih odvjetnika" mogu obavljati samo
oni
koji razumiju kako pravni tako i umjetnički jezik:
„jezični odvjetnici" naime pravno zastupaju jezik
koji koriste umjetnici.
Teoretski gledano radilo bi se ovdje o dvostrukom
zastupanju:
umjetnik je zastupan preko svojeg jezika,
a njegov jezik je zastupan preko jezičnog odvjetnika.
Ali juristički gledano radilo bi se ovdje o
jednostavnoj stvari:
svakom novorođenom umjetničkom jeziku bit će
dana mogućnost
da bude zaštićen u odnosu na sve ljude,
čak i u odnosu prema svom stvoritelju.
Zato se savjetuje da svaki umjetnik svoj jezik
pažljivo njeguje, razvija i voli tako da bi jezik
u nekom mogućem procesu pred sudom
nastupio kao blagi protivnik
a ne kao besraman rabijatan i odvratan bandit.
Nažalost može se očekivati da će takav mogući

proces
ipak dobiti jezik
i da će umjetnik ostati bez svoje slave.
Jezik računa naime s time da je on
otporan na prolaznost,
za razliku od umjetnika čiji je život
kratak i lako pada u zaborav.
I da se ne zaboravi –
za razliku od umjetnika,
ima advokata kao saveznika.

Ono što leži

Riječi su neobične tvorevine
jer one ne egzistiraju van glave.
Kad ih čovjek izgovori,
može se čuti samo zvuk riječi u zraku
ali značenje može biti različito od onoga što je
mišljeno.
Ista je stvar i s napisanom riječi:
ona se često shvaća potpuno drugačije nego je
mišljena.
Tako pisci obično, htjeli ili ne, ostaju neshvaćeni –
oni često misle nešto drugo no kako njihove riječi
zvuče.
Zato bi svaki pisac mogao
u svrhu boljeg sporazumijevanja s ljudima
svoje riječi sam objašnjavati.
Ali to bi prevazišlo zadaću pisca –
mnogi pisci vole samo svoju imaginarnu publiku.
Zato se preporuča drugi zadatak:
pisac bi trebao dati objašnjenje svog rada
na jeziku zvukova
koje je imao u glavi kada je pisao svoje riječi.

Tako će pisac položiti svoj najveći ispit
koji će mu zasigurno omogućiti ulazak u povijest
literature:
uspjet će istovremeno postati
i publika, i stvaratelj i sama riječ.

Stanje stvari

Izraz „razumljivo samo po sebi" ima dugu povijest
iza sebe
koja je ovako tekla:
„razumljivo samo po sebi" je prvo imala
svoju skraćenu verziju u obliku „razumljivo"
a „razumljivo" je – kako sama riječ govori – sinonim
za „razum".
No u povijesti „razum" nije razumijevan uvijek kao
„razum"
nego tek nakon puno ratova i krvi i
nakon pobjede „razuma" u području: čovjek – jezik –
autodidaktika.
Ta pobjeda se mora promatrati kao veliki korak
naprijed
u lingvističkoj tehnologiji.
U vremenu prije no što je riječ bila „razumljiva"
riječ je bila još kraća – „um",
ili pravilno izgovoreno „uuuum".
Povezanost između ondašnjeg „uma" odnosno
„uuuuma" i
„razumljivo samo po sebi" je logična:

čovjek želi neprestano shvatiti svoj „um“
kao nešto „razumljivo samo po sebi“
tako da mu „um“ postane i ostane od pomoći, a ne na
štetu.
A u vremenu prije toga, prije „uma“ odnosno
„uuuuma“,
navedena riječ nije imala izraz nego
zvuk koji su svi ljudi ispuštali na isti način.
Da svaki čovjek danas želi biti sam sa sobom
i sa drugima načisto u svojoj glavi,
ostao je u razvitku riječi „razumljivo samo po sebi“
na žalost *never ending story*
jer je čovjek zaboravio jedinstvenu frekvenciju
prazvuka
i mora ponovo raditi na tome
kako da sve za njega postane opet
razumljivo samo po sebi.

Modernizam

Najgore što se jednoj riječi može desiti jeste
da postane sredstvo za razmjenu informacija
jer pri tome pravi sadržaj riječi – njezine emocije i
naklonosti –,
skroz propadaju.
Riječi vode naime dvostruki život –
jedan tajni u knjigama gdje ih čovjek ne izgovara
glasno,
i jedan javan, gdje ih čovjek izgovara na glas ali se
ne osvrće na njih.
Kako se u drugom slučaju radi o razmjeni
informacija,
tu se može govoriti o posebno teškoj degradaciji
riječi.
Za takvo otuđenje riječi
krivi su ljudi kao korisnici riječi.
Kad netko na primjer kaže: „Volim te.“,
to se često razumijeva kao razmjena informacija
jer se odmah postavlja protupitanje:
„Hvala. A zašto?“

Interface

Izraz „uzeti nešto za jesti“
i izraz „uzeti nešto na znanje“,
bit će u budućnosti spojeno u jednu riječ
jer će lingvistička metodologija nanovo definirati
točku spajanja unutar ljudskog komunikacijskog
sistema.
Poticaj za takvu dolazeću revoluciju leži naime
u konstanti oba izraza
– u riječi „uzeti“.
Taj *interface* će dovesti u novi odnos riječi „jesti“ i
„znati“
jer će se radi zadovoljavanja vremenske i jezične
ekonomije
„jesti“ i „znati“ morati istovremeno i misliti i činiti.
Kratko rečeno simbioza tih komponenata bit će –
jestive knjige.
Čovjek će ispeći knjigu i pojesti je.
Tako će on istovremeno „uzeti nešto za jesti“ i „uzeti
nešto na znanje“.
Autori budućih knjiga će morati paziti ne samo na
sadržaj

nego i na kvalitetu listova za pečenje,

a što će sigurno potaknuti fantaziju u kulinarstvu.

Forme će postati brojnije, a da o sastojcima ni ne
govorimo.

Profil autora će se iz temelja promijeniti –

da bi se njihove riječi mogle otopiti na jeziku svakog
čitatelja,

morat će savladati u istoj mjeri kako jezičnu
umjetnost za duh

tako i kulinarsku umjetnost za tijelo.

Time će čovjek moći u pravom smislu riječi

otjeloviti svako svoje novo znanje.

Sedmo čulo

Uz pomoć sedmog čula čovjek može upoznati
tajnu moć riječi
i iskoristiti je u vlastite svrhe.
Pri tome se ne misli na demagošku ili
manipulatorsku moć riječi
koja se koristi u politici, u odgoju djece, u reklami ili
u propovijedi.
Tajna moć riječi sadržana je u tome
da se nešto postigne
a da se riječ uopće ne izgovori.
Tek kad riječ odzvoni u unutrašnjosti čovjeka,
razvija se njezina prava moć u punoj snazi i veličini.
Tako izgovorena riječ, ili bolje rečeno, neizgovorena riječ
privlači onom tko je govori, ili bolje rečeno, onom
tko je ne izgovori,
takvo neizrecivo bogatstvo preko noći kakvo ovaj
nije mogao ni sanjati.
Takva riječ zabranjuje nastajanje problema
jer svom svojoj silinom suzbija kaos
koji inače stvaraju sve druge riječi u svim mogućim

kombinacijama.

Kvaka u tom procesu mišljenja riječi leži u upornosti
korisnika riječi:

čovjek treba misliti dan i noć samo na jednu te istu
riječ.

Jačanjem jedne riječi ostaju sve druge riječi
bez svog slobodnog prostora,
umiru kao sivi oblaci prostrijeljeni sunčevim
zrakama,
i iza sebe ostavljaju bezglavu energiju
koju mišljenja riječ pretvara u magnet za bogatstvo
istinskog mislioca riječi.

Posebno težak slučaj

U jednoj kućnoj ostavi policija je našla
tri kućna mezimca svezana lancima –
jednu malu krznatu životinju imenom „Jasno“,
jednu veliku i mršavu životinju zvanu „Odmah“,
i jednu oštru i podmuklu životinju imenom
„Nažalost“.
Policija je pronašla i mrtvog vlasnika stana
glave nabijene u plinsku pećnicu.
Kućni mezimci su bili skoro previđeni
da policijski inspektor nije bio prehlađen
i svom šefu na mobitel odgovarao:
... jasno ... odmah ... na žalost ...
Čim su zaključane životinje čule svoje ime,
počele su tako glasno puštati svoje jezovite zvukove
da je inspektor odmah pozvao pojačanje.
Oslobađanje zatočenika iz ostave trajalo je
nešto više od četiri sata.
Poslije razgovora sa susjedima
te s djecom vlasnika stana
kao i s bivšom ljubavnicom vlasnika stana,
inspektor je zaključio

da je uzrok takvom bestijalnom utamničenju
životinja
bio beskrupulozni umišljaj vlasnika životinja da
„Jasno", „Odmah" i „Nažalost"
pusti krepati jer su za njega postale beskorisne
beštije.
No tko je ugurao vlasnika stana u pećnicu
koji je inače sam živio u stanu
i tko je alarmirao policiju –
ta pitanja su još do današnjeg dana ostala neriješena.

Obrazovati jezik

Jezik koji nije njegovan ima danas
        pogrešan položaj u školstvu.
           Pošto loš
              jezik ima svoju nenadoknadivu
vrijednost u umjetnosti jezika
kao što je na primjer poezija,
        od najvišeg je pedagoškog prioriteta da
                      se djecu poduči
kako se jezik
          razmontirava, ponovo sastavlja
i nanovo montira a da se pri tome iznalaze
           i daju mu se nova značenja.
     Jezik
          mora naime par puta doživjeti
             svoju smrt i kao feniks
ponovo oživjeti,
       tako da se u takvom procesu više uopće i
       ne može govoriti o
       nekom lošem jeziku
nego o samosvojnoj osobnosti nazvanoj
„gege provitno čovjek!, tako-artističkom jeziku‟

ili o
„spretnom nabreklom jeziku u ustima“
ili o
„čovjek – pismo – glava – noga – jezik“
ili o
„šumi-šljumi-džimi-džumi-jeziku“
ili o
nečem sličnom vrlo poetičnom.

Ući u sebe

Riječ je prvorođeni božji sin i riječ se treba
- kao i njegovog mlađeg poznatijeg brata Isusa -
tretirati s respektom.
Pošto riječ u sebi nosi svu moć,
zabranjeno je da se riječ guta sa žučnim suzama
jer se tako njezina moć pretvara u negativno
i prati čovjeka kroz sve buduće živote.
Onom kojem uspije
da unese riječ u sebe zajedno s ambrozijskom
vodom,
taj se može riječju očistiti od svih grijehova:
taj će osjetiti veliku radost u srcu
iako će prema vani plakati.
Sa suzama naime užasne misli
moraju napustiti svoje tijelo.
Na kraju će čovjek reći – osiguran u svom identitetu:
„Ja sam Riječ i slavim se onakvim kakav jesam...“

Obitelj

Niti jedan čovjek na svijetu nije sam –
svatko ima uz sebe dvije sestre:
jednu stariju zvanu „Misliti"
i jednu mlađu zvanu „Reći".
Starija sestra „Misliti" želi
da čovjek puno i neprestano na nešto misli
a mlađa sestra „Reći" želi
da čovjek puno i neprestano nešto govori.
Tko želi pomiriti te dvije sestre
i mišljeno i rečeno dovesti u jedinstvo,
mora doći do važnog zaključka:
najbolje je za čovjeka da on
šuti i pusti mozak na pašu.
Time neće niti Misliti niti Reći
odnijeti pobjedu u rivalstvu,
a čovjek će se moći odmoriti
u svojoj zahtjevnoj ali neminovnoj obitelji.

Ljubavna jasnoća i druge zablude

Zaljubljenost

Prvi čovjek se zaljubio u svoj odraz u vodi
jer je kao zakon poznavao jedino ljubav.
A da je ljubav bila njemu jedini poznati zakon
dogodilo se na ovaj način:
Stvaratelj se zaljubio u prvog čovjeka,
nebeski upravitelji su se također zaljubili u svog
novog brata,
priroda se isto zaljubila u biće obdarenog od neba,
i tako čovjeku nije ništa drugo preostalo
nego da se u nešto zaljubi.
I tako se zaljubio u svoj lik u vodi.
On nije znao da taj lik u vodi nema dušu
jer nije uvidio
da je jedino voda u prirodi sposobna za refleksiju
stvari.
Zaljubljenost je načinila od čovjek vječno dijete
i od zemlje stvorila svijet sjena.

Ali s druge strane za to čovjek nije kriv:
čovjek se morao zaljubiti u svoju vlastitu sliku,
jer se čovjek sastoji 70 % od vode

a reflektirana ljudska pojava se pojavila u vodi.

To znači da je obostrana ljubav bila izprogramirana

jer u ljubavi sve naginje svom istom.

Iz tog razloga se kod umiranja ljudi obavezno treba

promijeniti

dio rituala izražen riječima „prah – prahu"

u izraz „prah – vodi",

jer je sve počelo s vodom,

pa se sve treba i vratiti svom prvobitnom početku.

Most između svjetova

Poslati nekoga u rodno mjesto je najbolje
što se nekome može desiti.
Taj mora ponovo naći, ovako odrastao,
puteve kojima je išao kao dijete
a čiji izgled poznaje samo iz žablje perspektive.
Također taj mora izaći na kraj
s ljudima koji možebitno leže
u krevetu, u gostionici ili na groblju.
Ostali odrasli koji su ostali u rodnom mjestu,
često sjede u državnim stolicama
ali pošto njihovo pamćenje s godinama slabi,
čovjek se mora naučiti novoj komunikaciji.
Drugim riječima:
tko je poslan u rodno mjesto,
taj se mora baviti samo prosvjetljujućim stvarima.

Vječno zanimanje

Zaljubljeni ljudi nemaju problema da se prikladno
obuku –
oni ionako hodaju po svijetu potpuno goli.
Njihova golotinja je njihova odjeća i
ona je sašivena bez kroja, s koncem koji ne puca.
Taj posao obavljaju krojači golotinje i
takvi krojači znaju da sve na svijetu
prije ili kasnije završava u njihovim rukama.
Za prave majstore toga zanimanja golotinja je
istinska inspiracija
- što više vide zaljubljenih, to stvaraju luđe dizajne.
Jesu li oni tako kreativni jer su bili isto tako
zaljubljeni
ili su samo ushićeni zbog ljubavi drugih,
ili možda imaju specijalni vid
kojim vide stvari u istinskom svjetlu –
to je tajna koju ljudi mogu razotkriti
tek onda kada nađu ljubav svog života
i stupe u poslovni kontakt s krojačima golotinje.

Novo definiranje

Pošto ne postoji ni vrijeme ni prostor
tražene su nove mjere.
Siguran put da se objasnimo kroz mjerenje je
da kao dužinu uzmemo ritam disanja
a za širinu da uzmemo zaljubljenost.
Tako se ljudi mogu sve do vječnosti
kroz udisaj i izdisaj ljubavnih veza
dovesti do prosvjetljenja.
Kad je čovjek neprestano zaljubljen,
onda može između dva ljubavna odnosa
preskočiti i ljubavne jade
tako da jednostavno produži svoj udah.
On neće razmišljati o problemima u ljubavi
jer se neće moći definirati mjerama
– vremenom i prostorom –
koji inače postoje u ljubavnim bolima.

Dogovor

Skinuti čarape kao najintimniji detalj prije vođenja
ljubavi,
treba biti vrlo pažljivo izveden.
Pošto čovjek svoja stopala uglavnom drži skrivena
– a što je ponekad i opravdano –,
ona trebaju biti brižljivo razotkrivena.
U tom smislu čovjek treba skinuti čarape polagano,
sa stilom i ljupko
te se tako potpuno ogoliti na dostojan način.
Tko tako postupa, skida se u skladu sa zakonima
neba,
a zakoni neba – kako je poznato –
daju bezuvjetnu zaštitu samo istinskim ljubavnicima.
Ono im pomaže da njihov seksualni akt bude izveden
lako
i pomaže im da se osjete kao da lebde na nekoj
blistavoj planeti.
Bez obzira koliko ih njihova stopala vezuju za
zemlju.

Partnerstvo

Ljubav nije samo naći toplinu u zagrljaju ljubavnika
ili ljubavnice,
nego ga tako voljeti kao da je on ili ona naš jedini
spas.
Pošto ljubav čini slijepim,
čovjek stupa u džunglu ljubavi bez da išta vidi
i izložen je opasnosti da zaluta.
Zaljubljeni i slijepi partner odnosno zaljubljena i
slijepa partnerica
možda nije najbriljantnija pomoć na našem putovanju
ali zasigurno vjerni i požrtvovni oslonac.
On odnosno ona će dati sve od sebe
da bismo opasne staze u džungli lakše prošli
i uspješno izbjegli divlje životinje, otrovne biljke i
nervozna plemena.
U njegovoj ili njezinoj glavi pada doduše kišica kao i
u našoj
- što je naravno za očekivati u vlažnoj prašumi –
ali on ili ona je uvjeren tj. uvjerena da cijelo
putovanje
bez onog drugog nema nikakvog smisla.

To cijeloj stvari daje okus božje providnosti
i istovremeno osigurava srećom i preživljavanje.
Ali:
Dok voljeni voditelj ili voljena voditeljica vjeruje
da nas sigurno vodi kroz gustiš, blato, sparinu i
omamu,
čovjek se treba u pritaji ipak potruditi iščitati
zvijezde na nebu ispisane vječnim pismom.
Tek toliko da zna gdje se nalazi.
U slučaju da partner ili partnerica iz bilo kojeg
razloga
bude progutana od strane neodoljivih draži
kojima vrvi džungla ljubavi.

Fizički put

Siguran način da se provjeri želimo li
s nekom osobom zauvijek ostati jeste
da tražimo nazad novac
koji od nje nismo nikada posudili.
Njezina reakcija dat će nam pravu smjernicu
o tome kakvu budućnost ima veza u kojoj jesmo:
ako se ta osoba naljuti,
znači da u nas nije imala povjerenja i
da smatra da smo je u stanju lagati
– inače ne bi bila tako pogođena našim zahtjevom i
ne bi se ljutila.
Ako se ta osoba nasmije i
pređe preko našeg zahtjeva kao preko šale,
to je znak da nas nikada nije shvaćala ozbiljno
i stoga veza s tom osobom nema nikakvu trajnu
budućnost.
Ako ta osoba izvadi novčanik i pruži nam novac
kojeg od nje nismo nikad uzeli,
to je znak da nas obožava.
To nas naravno ne obavezuje na ništa –
mi još uvijek pridržavamo pravo da odlučimo

hoćemo li
uzeti novac,
odbiti novac,
ili
tražiti još više novaca.

Opaska

Ljudi koji se lako zaljubljuju i odljubljuju
moraju dobiti posebno priznanje za zasluge u ljubavi.
Oni naime imaju prirođeni talent za vabljenje letećih
konja.
Malo je poznato da Pegazov naraštaj krilatih konja
uvijek prate one kojima je razum opušten a volja
slaba.
Takvi lagodni ljudi non-stop ulaze i izlaze iz
ljubavnih veza
jer ne primjećuju da je neki neobuzdani Pegazov sin
proturio glavu među njihove noge, navukao ih na
svoj vrat
i tako ih prisilio da jašu na njegovim leđima.
Jahanje mladih Pegaza inače nije pridržano za ljude
nego samo stanovnicima Olimpa –
ljudi zapadaju u opijenost od stalnog truckanja na
leđima takvih letećih stvorova
i ošamućeni svugdje vide samo ljubav.
Zato je pravedno
da se takvi ljude ne osuđuju zbog ljubavne
nepostojanosti.

Njihova neupućenost, razigranost i lakomislenost
za cijeli svijet je poseban dar
jer podučava da svakoj ljubavi
kumuje ne samo nebo i
pobratimstvo specijalnih konja.

Prijelaz

Izraz „krasti bogu dane“
za zaljubljene spremne da svoju zajednicu ozakone
brakom
ima sasvim različito značenje od onog uobičajenog.
Ti zaljubljeni su se tako dobro uvježbali
u krađi dana koje posjeduje Bog
da im je uspjeh jako udario u glavu
pa su počeli aljkavo računati vrijeme.
To što neki dan fali ili ga odjednom imaju
a da se ne sjećaju kad su ga ukrali,
potvrđuje da izraz „krasti bogu dane“
i nema tako kriminalno loše značenje kako svi drugi
ljudi tvrde.
No pošto je majstorstvo zaljubljenih majstorstvo
ljubavi
a ne majstorstvo vidnog stanja stvari,
to se ti zaljubljeni – što je njihova veza duža –
sve češće konfrontiraju s drugim ljudima što se tiče
tkz. objektivnog računanja vremena.
Oni s vremenom ostaju sve češće zbunjeni i zatečeni
vremenom

da se odlučuju da prekobrojne dane koje su ukrali
pogube negdje onako, usput,
ne bi li tako uspjeli naći zajednički modus življenja s
drugim ljudima.
Takvo „dangubljenje" znak je da su svoju početnu
besmrtnu ljubav
uskladili s tendencijama koje vladaju u svijetu
i jasno je da su spremni fizički i duševno
na stabilnu bračnu zajednicu.
A bračna zajednica kako je poznato
nema neko drugo značenje od onog
koji manje više vrijedi za sve ljude.

Ljepota poroka

Za bolji odnos unutar članova neke strastvene obitelji
postoji uspješna tehnika vizualizacije
koja služi za bolju suradnju svih članova obitelji.
Svaki član bi se trebao zamišljati u jednom drugom
vremenu
u kojem bi bolje pristajao ili bolje uspijevao.
Otac te strastvene obitelji trebao bi se zamišljati
kao novoustoličeni kralj
koji se dugo godina obrazovao u inozemstvu
i zato još nije naučio jezik stanovnika svog
kraljevstva.
Za majku takve strastvene obitelji od pomoći je
da se ona zamisli da živi u vremenu
kad još nije bilo pravih ljudi na zemlji nego samo
životinja,
a ona je bila prva koja je odlučila da se uspravi na
zadnje noge.
Za braću i sestre dobro je da se zamisle u nekom
budućem vremenu
u kojem će tek biti rođeni i to onakvi kakvi sami
odrede.

U slučaju da čitatelj pripada nekoj sličnoj strastvenoj
obitelji,
onda mu se preporuča da se zamisli
kao dijete koje sve razumije i kome je sve jasno
ali još ne zna govoriti
pa zato nije u stanju postavljati pitanja.

Bezvremenska ponuda

Za dugotrajnu ljubav bitno je da ljubavnici šute
i što manje razgovaraju.
Najbolje nikada.
Poznato je naime da šutnja produžava vrijeme.
Tko šuti, tome vrijeme tako sporo prolazi
da majstori šutnje mogu sigurno potvrditi
da vrijeme u jednom momentu skroz stane.
Za ljubavnike koji žele ostati vjerni samo jednoj
ljubavi
od pomoći je da vrijeme razvuku do vječnosti
tako da ništa ne pitaju i na ništa ne odgovaraju.
Ako ih nešto rastavi od partnera,
znat će da to nije bilo zbog njih
i njihove posvećenosti ljubavi
nego zbog izvanjskih okolnosti ili drugih ljudi.

Početak puta

Dvosmislenost je česta pojava kod zaljubljenih ljudi.
Njima je cijelo vrijeme samo ljubav njihovog života
na pameti
dok govore o sasvim drugim stvarima – već kako ih
stvarnost na to prisiljava.
Zadivljujuće je kako se oni u biti malo zbunjuju
u mišljenom i izgovorenom
s obzirom da njihova glava nije tamo gdje im oči
gledaju.
Od zaljubljenih se može učiti zahtjevna disciplina
samokontrole
jer savršena dvosmislenost kakvu zaljubljeni poznaju
zahtjeva perfidnu suradnju mozga i srca.

Hranitelj

Jedan od ljepših izjava ljubavi koji se može dati
voljenoj osobi
jeste da joj se kaže:
„Ti si moj tanjur.“
Na tanjuru leži naime hrana za našu svakodnevnu
snagu.
S obzirom da ljubav potječe s Neba i daje isto tako
snagu,
može se reći da izjava
„Ti si moj tanjur.“ lijepo govori
da ljubljena osoba dolazi s neba
i daje nam snagu za život.

Vječni cilj

Čovjek bi mogao bez ikakvog žaljenja
sahraniti gotovo sve jasnoće
jer su jasnoće užasno jednostrane, nesavitljive i
ohole:
ne dozvoljavaju drugo mišljenje,
žele biti uvijek i od svih akceptirane i
uvjerene su da su jedine u pravu.
One nemaju – a kako je i za očekivati –
prave prijatelje među pronalascima
a i ljudi ih ne prihvaćaju baš od srca.
Njihova prepotentnost je opravdani razlog
da se jasnoće što dublje zakopaju u zemlju
a da bi se mogle izliječiti od takve teške bolesti
kao što je napuhanost.
Ako prežive tretman, izaći će kao nove jasnoće,
preporođene i oslobođene svojeg mučnog tereta
važnosti.
Ako ne prežive tretman i ostanu sahranjene,
tada nisi ni zaslužile da žive.
Ako čovjek nije siguran kako se zakopavaju jasnoće,
treba reći da u Sibiru postoje šamani

koji su upućeni u stručnost te senzibilne zadaće.

Zato bi životni cilj svakog čovjeka trebao biti

da sa svojim jasnoćama bar jedanput u životu posjeti

Sibir.

Time profitiraju svi:

Sibir će se bolje integrirati u svijet,

šamani će dobiti izazovnu klijentelu

a čovjek će se osloboditi suvišnih jasnoća

bez predrasuda i fleksibilno

kako mu kao pravom građaninu svijeta i dolikuje.

Edition gaar

Snježana Bilić: Život s voluharicama – surealne priče, 2.
izdanje, 2019.

Snježana Bilić: Knjiga o Takama – bajke za odrasle, 2.
izdanje, 2019.

Ana Bilić: O jasnoći i drugim zabludama – pjesme, 2021.

Ana Bilić: Ulica snova – fantastične priče, 2024.